Dictionnaire apologétique de la foi catholique

L. Gougaud

1911

Édition : BoD · Books on Demand, 31 avenue Saint-Rémy,
57600 Forbach, bod@bod.fr
Impression : Libri Plureos GmbH, Friedensallee 273,
22763 Hamburg (Allemagne)
ISBN : 978-2-3225-5655-7
Dépôt légal : Mars 2025

SUPPLEMENT

CELTES (RELIGION DES). —

Sommaire :

I. Les sources et la méthode. —

II. La religion des Celtes païens du continent ;

i. Les druides ;

i. La transmigration des âmes ;

3. Les sacrifices ;

l. La divination augurale ;

5. Les grands dieux des Gaulois ;

6. Autres cultes ; signes et symboles. —

III. La religion des Celtes païens insulaires :

i. Les dieux ;

a. Cultes naturistes :

3. Les druides et la magie ;

t. Les idoles et ses sacrifices humains ;

5. L'immortalité de l'âme ; Vautre monde. —

IV. Conversion des Celtes au christianisme. —

V. Survivances et superstitions. —

VI. Bibliographie.

I. **Les sources et la méthode.** —

Vers le ixe siècle avant l'ère chrétienne, les Celtes, race parlant une langue indo-européenne, occupaient, dans les pays transrhénans, le centre et lenOrdde l'Allemagne actuelle. C'est de là que leurs hordes se répandirent à travers l'Europe à la recherche de terres nouvelles, conquérant successivemenlla Gaule, l'Italie du nord, la valléedu Danube, poussant, à travers les Balkans, jusqu'à Delphes, envahissant la péninsule ibérique (Celtibères), et s'établissant dans les Iles Britanniques (Gæls, Bretons). Les Galates, également d'origine celtique, franchirent le Bosphore et s'installèrent en Asie-Mineure.

On n'est pas d'accord sur la chronologie de ces diverses migrations. Cependant on estime que les envahisseurs du premier ban, les Gacls, avaient pénétré dans les Iles Britanniques bien avant l'an 800 (H. Hubert, dans la Liev. Celtique, t. XL1V, 1925, p. 396), Entre 700 et 500, les Celles pénétrèrent pour la première fois dans le nord et l'est de la Gaule, d'où certaines de leurs peuplades passèrent ensuite dans la péninsule ibérique. Les Celtes de Belgique (ficlgae) auraient envahi le sud d'Albion au IIIe siècle avant notre ère (G. Dottin, Manuel pour servir à l'étude de l'antiquité celtique, p. lhj-lb% du même, Les anciens peuples de l'Europe, p. 201-219).

En contact avec beaucoup d'autres peuples dans les territoires qu'ils traversèrent au cours de leurs migrations ou dans les régions où ils s'établirent à demeure, il est clair que les Celtes contractèrent de nouvelles habitudes dévie ; leur langue, leurs mœurs et leur religion subirent, sans aucun doute, de notables changements. Cependant, dans le vaste monde celtique, deux entités ethnographiques se inainlirent dans un état de pureté relative par suite des conditions géographiques et des circonstances politiques qui accompagnèrent leur établissement définitif, c'eit, à savoir : les Celtes de Gaule, d'une part, et, de l'autre, les

Celtes insulaires (Gacls et Bretons). Mais, au point de vue religieux, ces deux grandes fractions de la race celtique présentent entre elles des différences telles que nous devrons les étudier séparément.

Les sources dont nous disposons pour l'étude de la religion des Cultes continentaux sont principalement les auteurs anciens, puis les inscriptions et les monuments figurés. Les renseignements fournis par les écrivains grecs et romains ne laissent pas d'être souvent d'une interprétation malaisée, car on peut penser qu'en observant les croyances et les pratiques religieuses des Celtes, ces auteurs ou leurs informateurs ne se sont pas suffisamment dégagés de leurs propres conceptions des choses de la religion. C'est ainsi que nous verrons César assimiler les grandes divinités gauloises aux principaux dieux de Rome.

« Les notions que nous pouvons glaner chez les

auteurs de l'Antiquité sur la religion des Celtes, dit G. Dottin, se répartissent sur plusieurs siècles et s'étendent à toutes les contrées où les Celtes ont séjourné. Nul n'oserait affirmer que du IIIe siècle avant J.-C, où vivait Timée, au temps d'Ammien Marcellin (ive siècle après J.-C.), les pratiques religieuses des Gaulois fussent demeurées immuables. On ne pourrait avec plus de raison soutenir que les Galates d'Asie Mineure, les Celtibères d'Espagne, les Gaulois de la Cisalpine, les Celtes qui pillèrent Delphes et ceux qui prirent Rome, les Gaulois transalpins et les Celtes de Grande-Bretagne eussent professé les mêmes doctrines et adoré les mêmes dieux, sans que le contact avec des nations étrangères eût en rien alle'ré les vieilles croyances de la race. Les témoignages des anciens sur la religion des Celtes ne peuvent donc être utilisés qu'avec prudence ; dispersés dans l'espace et dans le temps, de valeur et d'importance variables, ils se prêtent malaisément à une construction d'ensemble. A peine a-t-on quelques preuves de l'identité de certaines croyances ou coutumes religieuses chez les divers peuples celtiques. Tacite a signalé les rapports que présentaient les institutions religieuses des Bretons avec celles des Gaulois (Agricola, c. 1 1.Le texte semble d'ailleurs corrompu). Certaines divinités se rencontrent sur divers points du monde celtique. »

des dédicaces à des dieux se rencontrent en France, en Allemagne, dans les Pays-Bas, en Grande-Bretagne. Mais on ne peut être sûr d'avoir affaire à des divinités celtiques si l'on n'a d'autre raison de le supposer que la provenance de l'inscription. On peut fort bien rencontrer en pays celtique une dédicace à une divinité étrangère, ou vice versa. » (G. Dottin, Manuel, p. 394-296). Un très petit nombre de monuments sont antérieurs à la conquête romaine, et il est très difficile de savoir s'ils sont des vestiges de cultes locaux antérieurs à l'invasion des Celtes en Gaule ou des survivances de leur religion.

En ce qui regarde les croyances religieuses des Celtes insulaires, avec quelques Vies de saints anciennes et certains autres documents chrétiens des âges qui ont suivi la conversion, avec les inscriptions, ce sont également les écrivains de l'antiquité, grecs et romains, qui nous fournissent les notions les plus abondantes. Scots et Bretons (sans parler des Pietés, dont l'origine est particulièrement obscure) ont probablement emprunte à leurs prédécesseurs dans les lies des pratiques et des croyances demeurées inconnues aux Celtes du continent.

Certains historiens ont, par ailleurs, largement mis à contribution les épopées irlandaises pour décrire, la religion des Gaëls (H, n'Aimois dk Jihainvillb). Mais il est à craindre que la mythologie de CËI.TKS i.KI.ICION I

«

ces épopées, loin d être le miroir fidèle « les vieilles traditions et croyances, ne procède en grande partie que de l'imagination très fantaisiste des conteurs. D'ailleurs, il est reconnu que ces récits épiques ont été remaniés à l'époque chrétienne, 4 et c'est justement sur les anciennes doctrines et pratiques païennes qu"ont dû porter les retouches des clercs du moyen à^e. On a remarqué avec assez de raison qu'à puiser sans discernement à de pareilles sources nous agirions avec une légèreté comparable à celle des gens de l'avenir qui demanderaient a noa C.nies de fées le secret de nos croyances actuelles.

U. La religion des Celtes païens du continent : i. Les druides. — Pour Julks Cksau, la Gaule est bien le centre de la puissance celtique Tout en guerroyant contre les Gaulois, il s'appliqua à les étudier, et il nous a laissé de précieux renseignements sur leur religion et spécialement sur leurs druides.

Voici d'abord ce qu'il dit de leur rang social.

« Partout en Gaule il y a deux classes d'hommes qui

comptent et sont considérées. Quant aux gens du peuple, ils ne sont guère traités autrement que des esclaves, ne pouvant se permettre aucune initiative, n'étant consultés sur rien… Pour en revenir aux deux classes dont nous parlions, l'une est celle des druides, l'autre celle des chevaliers. » (De bcllo gallio, VI, 13).

On a nié que les druides fussent prêtres. Pourtant le caractère sacerdotal de ceux de Gaule ne parait pas douteux. Ils n'étaient pas que cela, il est vrai ; à leurs fonctions sacerdotales, il » joignaient celles de professeurs, d'arbitres, de juges des causes civiles et criminelles Voici ce que César nous apprend de leurs attributions : « Les premiers (les druides) s'occupent des choses divines (rébus cln'inis intersiint), ils président aux sacrilices publics et privés, règlent les pratiques religieuses (religiones interpretantur). Les jeunes gens viennent en foule s'instruire auprès d'eux, et on les honore grandement. Ce sont les druides, en effet, qui tranchent presque tous les conflits entre Etats ou entre particuliers, et, si quelque crime a été commis, s'il y a eu meurtre, si un différend s'est élevé à propos d'héritage ou de délimitation, ce sont eux qui jugent, qui fixent les satisfactions à recevoir et à donner. » (Bell, gall., VI, 13.)

Des peines imposées par les druides, celle de l'interdiction des sacrilices et celle de l'excommunication étaient considérées comme les plus graves.

à leurs décisions, ils interdisent les sacrifices. C'est chez les Gaulois la peine la plus grave. Ceux qui ont été frappés de cette interdiction, on les met au nombre des impies et des criminels, on s'écarte d'eux, on fuit leur abord et leur entretien, craignant de leur contact impur quelque effet funeste ; ils ne sont pas admis à demander justice, ni à prendre leur part d'aucun honneur » (VI, 13).

Sur l'organisation des druides et sur leur grande assemblée annuelle, nous avons les renseignements suivants : « Tous ces druides obéissent à un chef unique, qui jouit parmi eux d'une très grande autorité. A sa mort, si l'un d'entre eux se distingue par un mérite hors ligne, il lui succède. Si plusieurs ont dea titres égaux, le suffrage des druides, quelquelois même les armes, en décident. Chaque année, à date fixe, ils tiennent leurs assises en un lieu consacré, dans le pays des Carnutes, qui passe pour occuper le centre de la Gaule. Là, de toutes parts, affluent tous ceux qui ont des différends, et ils se soumettent à leurs décisions et à leurs arrêts » (VI, 13).

Sur l'origine de la doctrine des druides, noua avons aussi quelques mots de César. ni ; iis qui ont donné lieu à diverses interprétations. Faisons remarquer, d'ailleurs, que le eapitafne-histoiien se borne à rapporter une opinion sur ce point (exiltiutatiir).

« On croit, dit-il, que leur doctrine (« 'pliiin)
est née en Bretagne, et a été apportée de cette

ile dans la Gaule. De nos jours encore, ceux qui veulent en faire une étude approfondie vont, le plus souvent, s'instruire là-bas » (VI, 1 3) Ce qui est ici donné comme certain, c'est que les druides gaulois allaient étudier en iiretagne la discipline druidique, qui s'y était vraisemblablement conservée dans sa pureté originelle. Or, on Unit par croire que cette discipline ou que même l'institution druidique avait son origine en Grande-Bretagne.

A la fois prêtres, magistrats et professeurs, les druides jouissaient de privilèges et d'exemptions sur lesquels nous éclaire également le De bcllo gullico

« Les druides s'abstiennent habituellement d'aller à

la guerre et ne paient pas d'impôts comme les autres ; ils sontdispensés du service militaire et exempts de toute charge. Attirés par de si grands avanta^ s, beaucoup viennent spontanément s'initier à leur discipline, beaucoup leur sont envoyés par les familles » (VI, 14).

En quoi consistait leur enseignement, et de quelle manière était-il donné ? « On dit qu'auprès d'eux ils (leurs disciples) apprennent par cu'ur un nombre considérable de vers. Aussi plus d'un reste-t-il vingt ans à l'école. Ils estiment que la religion ne permet pas de confier à l'écriture la matière de leur enseignement, alors que pour tout le reste en général, pour les comptes publics et privés, ils se servent de l'alphabet grec. Ils me paraissent avoir établi cet usage pour deux raisons, parce qu'ils ne veulent pas que leur doctrine soit divulguée, ni que, d'outre part, leurs élèves, se fiant à l'écriture, négligent leur mémoire ; car c'est une chose courante : quand on est aidé par des textes écrits, on s'applique moins à retenir par cœur et on laisse se rouiller la mémoire. » (tbid.)Ce passage de César nous apprend d'abord que les druides étaient familiarisés, sinon avec la littérature des Grecs, du moins avec leur alphabet, et, de plus, qu'à leurs autres fonctions s'ajoutait encore celle de comptables : la tenue des comptes publics et privés rentrait ainsi dans leurs attributions.

Les connaissances des druides, tant sacrées que profanes, étaient tenues en haute estime par les Anciens. Diodoiik ni : Sicilh les traite de philosophe^ etde théologiens (Bibliothèque historique, V, 31. a-">). STRABON les montre s'occupant d'histoire naturelle, étudiant la philosophie morale et servant d'arbitres dans les conflits (Géographie, IV, 4, c. 197, 4)- Suivant PoHPONIDS Mula,

1 ils déclaraient connaître la grandeur et la forme de la terre et du monde, b"~ mouvements du ciel et des astres et la volonté ! e^ dieux. L'enseignement prolongé et secret qu'ils donnent aux plus nobles de la nation dure vingt ans ; ils enseignent dans les grottes et les lieux écartés ». (De situ orbis, ou Ckorograpkim, III, 18), <>n lit aussi dans le De bellu galtico (VI, l4) qnc', >s druides se livraient à de nombreuses spéculations sut les astres et leurs mouvements, sur les dimensions du monde et celles de la terre, sur la nature des choses, sur la puissance des dieux immortels et leurs attributions, et qu'ils transmettaient ces doctrines à la jeunesse ; et c'est probablement à ce passage de César que l'omponius Mêla aura emprunté le passage cité sur les druides. Indépendamment « les raisons philologiques, tout ceci semblerait donner assez de i vraisemblance à l'opinion de T111 rnkysbn, qui veut

que le mot « druide » dérive du composé dru-uid-s signifiant « très savant » (voir mes Chrétientés celtiques, p. 21, note 6, et G. Dottin, La langue gauloise, p. 253), et non pas du mot grec S/suç (chêne), étymologie déjà donnée comme plausible par Plink 1'Ancien (Hist. nat., XVI, 2^9) et qui a prévalu jusqu'à nos jours. Mais, renonçant à son ancienne opinion, le même Thurneysen est maintenant disposé à adopter l'étymologie donnée par Pline (Cf. Revue Celtique, t. XLV, 1928, p. 416-417).

Ou ne trouve pas de druides en dehors de la Gaule, de l'i'e de Bretagne et de l'Irlande. César dit formellement qu'ils étaient inconnus des Germains (De bell. gall., VI,

21). Pline l'Ancien (v. 77 après J.-C.) voit dans les druides de son temps de simples sorciers, dépositaires de secrets magiques et de recettes médicales (Hist, nat, , XVI, 2^9 ; XXIV, 103, 104 ; XXIX, 52).

Claude(41-54) supprima complètement la religion

auparavant, interdite aux citoyens romains par Auguste (Suétone, Claude, 20). Un sénatus-consulte avait, d'ailleurs, supprimé les druides sous le règne de Tibère (14-31) (Pi.in'b l'Anciiîn, llist. nat., XXX, 13). Au temps du poêle Ausone (-[- 394), il y avait encore à Bordeaux des gens qui se disaient descendants des druides de Bayeux et de ceux d'Armorique (Piofessores, V, 7-10, XI, *22-30).

a. La transmigration des âmes. — La croyance à l'immortalité de l'âme, point capital de l'enseignement des druides, frappa particulièrement les Anciens (Cbsar, v, infr. ; Diodore de Sicile, Bibliothèque, V, 28, 6 ; Valkre Maxime, Factorum et dietorum mirabilium, II, G, 10 ; Pomponius Mrla, De situ orbis, III, 2, 19 ; ïimagènk, chez Ammien Marcellin, llist. rom., XV, 9, 3, etc.). « Le point essentiel de leur enseignement, note César, c'est que lésâmes ne périssent pas, mais qu'après la mort elles passent d'un co ps dans un autre (IVon interirc animas, sed ab aliis post mortem transire ad alios) ; ils pensent que cette croyance est le meilleur stimulant du courage, parce qu'on n'a plus peur de la mort » (VI, 14). Pomponius Mêla répète (loc c(L)que les druides entretenaient dans les esprits la croyance à l'immortalité pour stimuler le courage guerrier (ut forent ad bella meliares).

Les Gaulois considéraient simplement la mort comme un incident dans une longue vie :

« longae – canitis si cognila – vitae

Mors média est ».

(Lucain, Pliarsale, I, 4^7-4 : >8.)

La croyance à la survivance de l'identité de l'être humain par de la la tombe était si profondément enracinée riiez eux qu'ils s'engageaient à régler leurs comptes et à rembourser leurs dettes après décès (Valère Maxime, loc. cit. ; Pomponius Mêla, loc. cit.), elque, remarque M. Camillh Jullian, « ils trouvaient prêteurs à ces conditions » (Histoire de la Gaule, t. II, p. i 7 3).

Mais où se passait la vie d'outre-tombe ? Quel était le sort de l'âme durant cette nouvelle existence ? Combien de temps durait-elle ? Autant de points sur lesquels les renseignements fournis par les auleuri anciens, ou manquent de précision ou sont même contradictoires. Sur le lieu de la vie future il n'y a rien dans César qui puisse nous éclairer. Valère Maxime place ce lieu « apud inferos », tandis que Pomponius Mêla se sert de l'expression « ad Mânes » pour le désigner. D'après Lucain, « le même souille anime b'urs membres, non pas dans les silencieuses habita tions de l'Erèbe, ni dans les pâles royaumes de Dis

(Pluton), mais « orbe alio » (Pliarsale, I, 450-458). Ces deux derniers mois ne signilient pas ici, ainsi qu'on l'a fait observer, « dans une autre planète ou dans un astre », mais « dans une autre zone de la terre ». (S. Rkinacii, Le mot « orbis » dans le latin de l'Empire, dans Revue Celtique, t. XXII, 1901, p. 447457, et Cultes, mjtheset religions, 3e édit. Paris, 1922, l.I)P. > 84 -194) Ce passage de Lucain, qui exprime l'idée de la survivance de l'identité humaine dans une autre partie du monde, permet de comprendre que des engagements aient pu être conclus pour le payement des dettes post mortem. Mais si, au contraire, comme l'atlirment d'autres auteurs, les druides professaient sur le sort des âmes et des corps outre-tombe les mêmes idées que Pylhagore, autrement dit, s'ils croyaient à la métempsychose (Voir Diodore de Sicile, loc. cit., ; Valère Maxime, loc. cit. ; Timagètie, chez Ammien Marcellin, loc. cit. ; Hippolyte, Philusophumena, I, 35 ; Clément d'Alexandrie, Stromata, I, xv, 71, 3), on ne voit pas comment, l'identité individuelle cessant, le crédit pouvait s'étendre p.ir delà la tombe (voir T. D. Kendrick, The Druids, p. 108109).

Valère Maxime constate avec étonnement que les Gaulois porteurs de braies aient puse rencontrer sur la questionde l'immortalité de l'àmeavec Pythagore, vêtu du pallium des philosophes (nisi idem bracati scHsissrnt quod palliatus Pjihagoras credidit). Le mot de César : non interire animas, sed ab aliis post mortem transire ad alios, laisse, en effet, supposer que les druides de Gaule croyaient, comme

Pythagore, à la métempsychose, et c'est aussi ce qu'on peut légitimement conclure du texte de Diodore de Sicile, qui dit catégoriquement : « La doctrine dePythagore prevautchezeux(les Gaulois), d'après laquelle l'âme humaine est immortelle et vit de nouveau pendant un nombre fixé d'années, habitant un autre corps » (Bibliothèque, V, 28, 6). Si la doctrine celtique de la transmigration desàmesprésente cette ressemblance avec le système de Pythagore, on ne saurait pourtanll'identlQeravec lui, pour la raison indiquée plus haut (payement des dettes après décès) et pour une autre raison encore, car, d'après ce qu'on sait de la conception celtique, le sort des âmes post mortem n'était aucunement lié, comme dans le système de Pylhagore, à une idée d'expiation ou de récompense (voir Dottin, Transmigration, p. 430-431 ; Kbndhick, The Druids, p. 109).

3. Les sacrifices. — Rien ne contribua plus à exciter l'opinion romaine contre les druides que la pratique des épouvantables sacrifices humains auxquels les druides prenaient pari. Sur ce pointencore César nous donne des précisions. « Tout le peuple gaulois, dit-il, est fort religieux ; aussi voit-on ceux qui sont atteints de maladies grave*, ceux qui risquent leur vie dans les combats ou autrement, immoler ou faire immoler des victimes humaines, et se servir pour ces sacrifices du ministère des druides. Ils pensent, en effet, qu'on ne saurait apaiser les dieux immortels qu'en rachetant la vie d'un homme par la vie d'un autre homme, et il y a des sacrilices de ce genre

qui sont d'institution publique. Certaines peuplades ont des mannequins de proportions colossales, faits d'osier tressé, qu'on remplit d'hommes vivants : on y met le feu, et 1< s hommes sont la proie des flammes. Le supplice de ceux qui ont été an clés en flagrant délit de vol ou de brigandage ou à la suite de quelque crime passe pour plaire davantage aux dieux. » De telles immolations relèvent autant du droit criminel que de la religion. César ajoute

as de s îcrilier des innocents » (VI, iij).

Outre les sacrifices humains, César mentionne aussi celui do butin de guerre, qui était obligatoire chez les Gaulois. « Qunnt ils ont résolu de livrer bataille, ils promettent généralement à ce dieu [que César assimile à Mars et qui était, comme on le verra plus loin, EsusJ le butin qu'ils feront. Vainqueurs, ils lui offrent en sacrifice le butin vivant et entassent le reste en un seul endroit. On peut voir dans bien des cités, en des lieux consacrés, des tertres élevés avec ces dépouilles ; et il n'est pas arrivé souvent qu'un homme osa 1, au mépris de la loi religieuse, dissimuler chez lui son butin ou toucher aux offrandes : semblable crime est puni d'une mort terrible dans les tourments » (IV, 17).

4- La divination augurala. — Les druides étaient aussi devins. Pomponius Mêla les préseule comme les interprètes de la volonté des dieux : et quid dii velintscire profiientur (loc. cit.). Le druide éduen, Diviciacus, dont parle CicÉHoy(De divinatione, 1, XLI, 90), pratiquait la divination. Les Gaulois passaient pour être plus habiles que *les autres peuples dans la science augurale(G. Dottin, Manuel, p. 335 ; C. Jullian, Hist. de la Guide, II, p. 161*162). Ils pratiquaient l'ornithomancie (divination par les oiseaux), aussi bien que l'extispicine (divination par les entrailles des victimes) (voir G. Dottin, loc. cit.). Par ce dernier procédé ils prédisaient l'avenir en observant soit les convulsions de la victime, soit la manière dont le sang jaillissait sous le couteau du sacrificateur (Diodore de Sicile, Bibliothèque, V, 31, 2-5 ; Strabon, Géographie, IV, 4, c. 198, 5).*

5. Les grands dieux des Gaulois. — « Le dieu qu'ils honorent le plus, dit César, est Mercure. Ses simulacra sont les plus nombreux ; ils le considèrent comme l'inventeur de tous les arts ; il est pour eux le dieu qui indique la route à suivre, qui guide le voyageur ; il est celui qui est le plus capable de faire gagner de l'argent et de protéger le commerce. Après lui ils adorent Apollon, Mars, Jupiter et Minerve. Ils se font de ces dieux à peu près les mimes idées que les autres peuples. Apollon guérit des maladies, Minerve enseigne les principes des travaux manuels, Jupiter est le maître des dieux, Mars préside aux guerres. Quand ils ont résolu de livrer bataille, ils promettent généralement à ce dieu le butin qu'ils feront » (VI, 17).

On le voit, César a donné aux dieux des Gaulois les noms des dieux romains qui leur ressemblaient le plus. Son Mercure correspond à Teutalès, son Ap)llon à Bélénos, son Mars à Esus, sjn Jupiter à Taranis. Quant à Minerve, on ne sait au juste de quelle déesse du panthéon gaulois il faut la rapprocher ; peut-èlre de Uelisama, peut-être de Sulis ou d'une autre déilé (Voir G. Dottin, Manuel, p. 3053 1 4 ï C. Jullian, I/isl. de la Gaule, II, p. 123, note 1).

Ce passage de César a fort exercé la critique.

gaulois, que César nous représente comme différant entre eux par la langue, les mœurs et les lois (I, 1) aient eu las mêmes cinq divinités ? Quels étaient les noms de cei dieux et de ces déesses dans la langue des Celles ? Une assimilation aussi complète entre ces oinq divinités et cinq divinités romaines est-elle vraisemblable ? On est tenté de rappeler l'opinion d'Asinius Pollion qui pensait que les Commentaires de César étaient composés avec peu de soin et d'exactitude (Suétone, César, ~>6). Mais César lut-méme prend soin de nous avertir que ces assimilations ne sont que des à peu près : Je lus eam dnn fere quam reliquat liaient upinionem ; et il assimile les attributs des dieux celtiques non pas tant à ceux des dieux romains, qu'à ceux des dieux des autres nations » [Manuel, p. 30O-301).

Lu >ain nomme trois des grandi (lieux des Gaulois.

Ft rpiibus immiti* placitur sanguine dire Teutates, liorrensque feri » altaribus lletui, El Turanis Scylhicae non miliorarj bi.iaae.

(l'Itarsale, 1, 443-445).

Teutalès veille sur les routes, protège le négoce, guide les voyageurs. Son nom s'explique par le terme teuto-(irlandais, tualk, peuple), Tentâtes signifiant en langue gauloise « nal'onil », c'est-à-dire

« le dieu public », celui qui veille sur les cités et les

nations.

Bélénos, le dieu guérisseur, représente la force réchauffante et bienfaisante du soleil.

Esus est le dieu des combats

Taranis, le Jupiter gaulois, préside aux éléments. 11 fait gronder le tonnerre (breton, tarait, tonnerre). Sur Teutatès, Esus et Taranis, voir S. Keinaflh, Cultes, mythes et religions, I, p. 20' t -216.

11 faut encore compter parmi les grands dieux Dis Pater, dont tous les Gaulois, au dire de César, -se prétendaient issus. « C'est, disent-ils, une tradition des druides. En raison de cette croyance, ils mesu rent la durée, non pas d'après le nombre des jours, mais d'après celui des nuits ; les anniversaires de naissance, les débuts de mois et d'années sont comptés en faisant commencer la journée avec la nuit (VI, 18). En effet, dans les anciennes littératures celtiques on comptait et on datait souvent par nuits. En gallois, « semaine » se dit urthnos (huit nuits), i. quinzaine i t pythefnot (quinze nuits) : en irlandais, oidhche Samhain (nuit de Samhain) désigne la nuit qui procède et non celle qui suit le 1° novembre, jour important du

calendrier (G. Dottin. Manuel, p. 3y5) Notez qu'en anglais on dit pareillement forlaight (contraction de fourteen nigkts) pour « quatorze jours ».

On a voulu identifier Dis Pater, dieu des enfers, avec le dieu au maillet, dont il subsiste quelques représentations sur des monuments gallo-romains (voir Jullian. Hist. de la Gaule, II. p. lai ; G. Dottin, Manuel, p. 32-2), mais cela ne va pas sans quelques dificultés.

G. Autres cultes ; signes et symboles — L'épi graphie nous a conservé des noms propres que l'on a considérés, avec raison, semble-t-il, comme lot noms de divinités celtiques (Voir Me Culloch, art. Celts dans V Bncyclopædia d'Hastings, p. 2-9) Ces inscriptions demandent, toutefois, à être interprétées avec précaution (voir G. Doltin, Manuel, p. 290î'i 1 ')- Parmi les divinités dont le culte paraît avoir fleuri sur divers points de l'empire celtique, il faut nommer Ogmios, que Lucien assimile à lléraklès (Béraklès, i-3. Cf. Dottin, Marine !, p. : i 1 1 -3 1 2), et qui passait en Irlande pou avoir inventé récriture ogh : imique, et Lugus, le Lug des Irlandais, dont le nom se retrouve dans celui de la ville de Lyon, Lugdanum(Lug-dunos, forteresse de Lugus).

Le cheval était considéré, pai les Celtes imhiibm une sorte de totem ou d'ancêtre mytbiqtu (voir J. Loin. .Xom du cheval che ; les Celtes, dans les Mémoires de l'Acail. des Inser. et Bellot-ieUn s, XLIll, 1030, | Rtv. archéoL, IQSO, p. aïo-a ; : Ret. Celt., XL11I, 1926, p Î ; i-Î71). La déesse romaine Epona, représentée souvent sous la forme d'une femme assise sur tin cheval, est sans doute une divinité d'origine celtique (vieux celtique : 'epo- « cheval »).

13

CELTES (RELIGION DES)

ik

Les Gaulois avaient aussi une grande variété de divinités locales, génies des eaux, des bois, etc. De plus, un grand nombre d'objets et de plantes étaient sacrés à leurs yeux, tels les œufs de serpent, la verveine, le sélage, la saumole et surtout le gui (C. Jullian, Hist. de la Gaule, II, p. 165-169 ! ^- Dottin, Manuel, p. 368).

Pline l'Ancien a décritle rituel suivi dans la cueillette du gui et noté la singulière vénération dont les Gaulois entouraient ce parasite, auquel ils reconnaissaient des vertus bienfaisantes. « Les druides, dit-il, n'ont rien de plus sacré que le gui et que l'arbre sur lequel il pousse, si toutefois cet arbre est le rouvre ». Le gui, auquel les Gaulois donnaient un nom qui signifiait « remède universel » (omnia sa n an le m appellant suo iocabulo) était un remède contre le poison et donnait la fécondité à tout animal stérile. La cueillette du gui se fait le sixième jour de la lune. Après avoir préparé, selon les rile=, sous l'arbre, des sacrilices et un repas, on faisait approclier deux taureaux de couleur blanche, dont les cornes étaient attachées pour la première fois. Un prêtre vêla de blanc montait sur l'arbre et coupait le gui avec une serpe d'or. On le recevait dans une saie blanche, puis on immolait les victimes en priant que le dieu rende le don qu'il faisait propice à ceux auxquels il l'accordait » (Hist. nat., XVI, 95, a'1 <). Cf. H. Gaidoz, La religion gauloise et le gui du chêne, dans la Rev.de ihist. des religions, 11, 1880, p. 68-82).

Les Celtes du continent attachaient certaines idées religieuses à la croix gammée, ou, svastika, et à la rouelle, qui figurent sur plusieurs monuments. Le symbolisme primitif de ces deux signes serait identique ; l'un et l'autre seraient l'emblème du soleil en mouvement (J. Déchhlbttf, Manuel d'archéologie préhistorique, celtique et gallo-romaine, 11, Paris, 1910, p. 453-454). Les Celtes avaient aussi la notion des ex-votos (G. Dottin, Manuel, p. 331-332 et 345).

III. La religion des Celtes païens insulaires

— ». Les dieux. — Au dire de Tacitb, il était facile de retrouver chez les Bretons insulaires les cultes et les superstitions de la Gaule (Agricola, 11). On a trouvé des traces du culte de Lugus et d'Ogmios aussi bien dans les lies que sur le continent. En revanche, d'autres divinités ne semblent avoir été connues que des insulaires ; telles Nodons, Briganti, Dagda, Mider. Mais, comme elles ne nous sont guère révélées que par les légendes épiques, nous ignorons si elles furent vraiment l'objet d'un culte populaire. Pourtant, on a retrouvé en Grande-Bretagne quatre dédicaces à la déesse Briganti, devenuccn latin liriguntia, et, en Irlandais, lirigit, « la mère des dieux » (II. d'Arbois db Jubainville, Les Cilles, p. 33-3 ; ;).

Les Romains n'ayant jamais pénétre en Irlande, il n'est pas étonnant qu'on n'y découvre aucune trace de leurs dieux. Il en va autrement de la Bretagne. Non seulement les cultes de Rome, mais ceux de l'Orient, y furent importés par les légionnaires et les colons. Dans une île voisine de la Bretagne, on célébrait, d'après Ahtbmidoiib, des rites qui rappelaient en tous points ceux que l'on accomplissait en l'honneur de Démêler et de Corè dans l'Ile de Samothrace (Strabon, Orographie, IV, 4, 6), Les inscriptions nous apprennent que Jupiter, Sérapis, Hercule, Sul, Diane et Mithra eurent des adorateurs sur divers points du territoire de la Grande-Bretagne ([Ruiner, Intcriplioncs lirttanniac latinae : Corp. inscrlp. lat., .. Vil, N * 316, aj>, ^4", 32, 236, 914, etc. ; Fr. Cumont. Textes et monuments figurés relatifs aux mystères de Vithrç, Bruxello", 18y<j. Voir la carte en

tète du t. I er)- A en croire M. Donald A. Mackenzik, . le bouddhisme aurait aussi tu des adeptes dans la Bretagne pré-chretiennne ; mais son livre sens ;. tionnel, Buddhism in Pre-Chritt/an Britain (London, 1928), est loin d'être convaincant.

a. Cultes naturistes. — On voit les Irlandais du temps de S. Patrice, décerner aux sources des honneurs divins et leur faire des offrandes (Tiueciian, éd. Whitley Stokes, p. 323, et Vie Iripartite, p. 123). Le culte des sources apparaît de même chez les Pietés (Abamnan, Vita Columbæ I, 11, éd. Fowler, p. 81) et chez les Bretons. Ces derniers retendent au cours d'eau que la source produit et à la montagne d'où elle jaillit (Gildas, De excidio, éd. H. Williams, p. 16).

Les arbres, if, frêne et chêne, et les pierres étaient aussi vénérés. Les pierres servant de bornes aux terres sont appelées dans la loi desBrehons lia adartha,

rédigée probablement au VIIe siècle, nous montre les paysans du Pagus Tricurius, en Bretagne insulaire, dansant, au VIe siècle, autour d'une pierre levée sur laquelle le saint sculpta une croix (Vita Samsonis, I, 48, éd. R. Fawtier, p. 143-144) On a cru reconnaître dans un cercle dessiné sur une pierre orientée portant une inscription ogbamique et trouvée à Drumlusk près de Kenmare (Kerry) la trace d'un culte rendu au soleil. De fait, le glossaire deCormac (IXe -Xe siècle) nous apprend que les païens d'Irlande avaient coutume de tracer sur leurs autels les formes des éléments qu'ils adoraient, notamment une représentation du disque solaire (Ed. Whitley Stokes et J. O'Donovan, p. 94) ; et S. Patrice fait allusion au culte du soleil dans sa Confessio (60, éd. Newport J. D. White, 1918, p. 25). Les populations primitives d'Albion fêtaient aussi par des transports sacrés les mouvements constants de l'astre du jour (Diodore de Sicile, Bibl., II, 47, 2, d'après Hécalée d'Abdère). Le I er mai, les Gaëls célébraient la fête solaire de Beltane en allumant de grands feux autour desquels ils dansaient.

3. Les druides et la magie. — On a vu que, suivant une opinion rapportée par César, la doctrine des druides passait pour avoir pris naissance en Grande-Bretagne et que les druides gaulois franchissaient la mer pour aller l'étudier

plus à fond. Mais est-ce la Bretagne qui a produit le druidisme ? Ou bien est-il originaire d'Irlande ? Ou bien l'institution a-t-elle pris naissance chez les prédécesseurs des Gaëls et des Bretons ? En guise de réponses à ces diverses questions, on n'a pu hasarder que de vagues hypothèses. Ce qui est certain, c'est que la discipline druidique était particulièrement florissante en Bretagne vers l'an 53 avant notre ère, époque à laquelle nous reporte le témoignage de César. Pline l'Ancien constate que de son temps, c'est-à-dire vers l'an 77 de l'ère chrétienne, elle y conservait encore son éclat (Hist. nat., XXX, 13). Nous trouvons des druides dans l'île de Mono (Anglesey) en 61 av. J.-C. (Tacitb, Annales, XIV, 30), et une inscription oghamique révèle leur existence dans une autre île de la mer d'Irlande, à Man (Kendrick, The Druids, p. io<>). Le » oi quelque peu mythique des Bretons, Vortigern (ve siècle), aurait encore, à en croire Nennius, entretenu des relations avec les druides (c. !, éd. Mommsrn, p. 181-1^ 1)-Après Vortigern, il n'y a plus trace de druidisme dans le sud ni dans l'ouest de l'Ile. Mais, au siècle suivant, S. Columba, abbé d'iona, en pénélrantrhez les Pietés, en rencontra encore (Adamman, VitO'lumbæ I, 3^ ; II, 33).

Kn Armorique, Ses derniers druides semblent avoir disparu avant l'arrivée des Bretons. Bn gallois et eu breton, les noms désignant les druides sont des m >U de fabrication relativement récente Le nom des druides n'apparaît pas dans les lois galloises (II. d'Ahhois du Juuainvillk, Lc.v druides, p.81).

C'est en Irlande qu'ils se maintinrent le plus longlemps. On en trouve de fréquentes mentions dans les textes. Patrice les combattit sans relâche. « Il guerroya contre les druides au cu-ur dur ; il écrasa ces orgueilleux, grâce au secours que lui donna Notre-Seigueur, |le maitrej du beau ciel. Il purilia l'Irlande aux vertes plaines de la race puissante », lit-on dans une ancienne prière (Frisli I.il/er Uymnortiiit, I, p. 5).

Mais le druide irlandais, tel que nous le présentent les récits épiques ou hagiographiques, ne ressemble guère au druide gaulois du temps de César. Les textes dont nous disposons pour l'Irlande ne nous le montrent jamais exerçant le ministère sacerdotal. Il ne prenait pas part aux sacrilices. Il présidait peut-être aux funérailles des héros. Les druides du continent étaient prêtres et, de plus, juges, professeurs, devins et, sur la ɪɪli surtout médecins vétérinaires et sorciers. En Irlande, la compétence judiciaire leur échappait ; elle appartenait aux filid, ou poètes. Nous trouvons deux druides chargés de l'éducation des ti 1 les de Loegaire, roi d'Irlande contemporain de S. Patrice ; mais nous ignorons si le professorat était toujours attaché aux fonctions druidiques. Le druide d'Irlande ressemble plutôt au druide gaulois de la décadence. II est surtout prophète et magicien. Leschrétiens eux-mèmescroyaient à la puissance prophétique des druides.

Au temps de Pline, la magie était en grande faveur en Bretagne (llist. nul., XXX, 4, l3). Cet auteur appelle les druides inagi, nom qui leur est aussi toujours donnédans les textes latins irlandais. Il est l'équivalent de l'irlandais drui.

C'est comme magiciens qu'ils (igurent le plus souvent dans l'ancienne littérature du pays. Ils passaient pour avoir le pouvoir de produire d'épais brouillards, de faire pleuvoir des averses de feu ou de sang, de faire tomber la neif. rᵉ en plein été, de soulever des tempêtes sur terre et sur mer, de rendre les hommes déments. Adamnan, biographe de Columba, nous montre le saint luttant de prodiges avec les druides, dont il triomphe (lue. cil.)

Le pouvoir de la magie fournira encore le fonds le plus durable des superstitions Irlandaises de l'époque chrétienne. Au viii c siècle, un recueil pénitentiel ne juge pas inopportun d'édicler une sévère pénitence contre le péché de « druidisme » (ilruideclita), où il faut évidemment reconnaître la pratique des arts magiques (An Old Irisli Treatise de Avreis, éd.Ivuno Meyer, dans //évite celt., XV, 189, 4, p. j^-Set ^97. Cf. Chrétientés celtiques, p. a'|, n. : >).'i. Les idoles et les sacrifices humains. — Nous avons vu que S. Samson, au vrᵉ siècle, abolit un culte litholatriquc en Grande-Bretagne. Les Irlandais avaient aussi leurs idoles. S. Patricb, dans sa Confessio (c.', ı, éd. N. J. I). White, p. ly) et son biographe MoiRCUO (éd. YVhiiley Stokes. p. v.j~>) en font foi. La plus célèbre était une pierre levée nommée Cenn Cruai : ıı, que l'on couvrait d'or el d'argent et qui se dressait dans la plaine de Mag Sleclit, « la plaine des génuflexions ». Elle était entourée de douze autres idoles de pierre que l'on garnissait de cuivre (Vie tripartite de S, Patrie », i il. YVh. Stokes, p. 90-99), Le Dindslttnchas, traite de géographie dont les parties les plus anciennes remontant au xi c sièclè, parle encore, dans l'article

Consacré à Mag Slecht, de cette idole, < la principale idole d'Erio ɪ, qu'il appelle Cromm Cruaick.

Il dit qu'elle fut adorer jusqu'à l'arrivée de S. Putrice (432) par tous les peuples établis en Irlande. On allait jusqu'à immoler des enfant-, a c » tte pierre pour obtenir du lait et du blé (Dindshenchaa, éd. W'hilh y Stokes, dans Rev.cell., XVI, l805, p, .5-16, ! 63). Sur une autre idole irlandaise, également ornée d'or et d'argent, voir le Martyrologe d'Œngus (éd. Wli. Stokes, p. 186, 187, ^78).

C'est là le plus net des textes qui font mention de sacrilices humains en Irlande, texte tardif, à la vérité, mais qui peut être l'écho d'une vieille tradition. D'autres textes irlandais semblent faire allusion à l'usage du sacrilice humain soit pour ren ! rune terre fertile, sort pour assurer la solidité d'un édilice en voie de construction (Voir Ku.no MtVKii, Humait Sacrifice amung t ! ie ancient Irish. dans Eriu, II, [>. 86 ; F. X. Robinbon, lluman Sacrifiée [Voir la Bibliographie]). L'id^e d'immoler un enfant pour ce dernier motif se rencontre chez Ni. (c. 4<J-4 1 > éd. Mommsen, p. iSi-iiS'i).

Aussi bien les Anciens nous montrent-ils dans les Bretons de cruels Immola leurs d'hommes. Suivant Dion Cassius, ceux de Boudicca massacraient avec des rallinements île cruauté les femmes captives en l'honneur de la déesse Adraslè (llist. rom., LXII, 7) : et Tacite rapporte l'horrible superstition des habitants de Mona, qui regardaient comme un acte religieux de répandre sur leurs autels le sang devictimes humaines et de consulter les dieux dans leurs entrailles (Annales, XIV, .)o). Il semble qu'en l'an y-de notre ère la coutume des sacrilices humains subsistait encore dans certaines régions de la Bretagne (Plixb, llist. nul., XXX.', , 13).

5. L'immortalité de lame ; l'autre mende. — Un témoignage de Tiki.ciian, auteur de récits sur l'apostolat de S. Patrice, se rapportant à la sépulture du roi suprême d'Irlande, Logeaire, qui demeura réfrælaire au prosélytisme du saint, nous laisse entrevoir, chez les païens irlandais, la croyance à la survivance de l'âme après la mort Cet écrivain raconte, en eflet. que le roi exigea qu'on l'enterrât debout et armé, car, dit Tireclian. les p ont coutume d'attendre tout armes, dans leurs tombes, le jour appelé erdathé parles druides, autrement dit le jour du jugement du Seigneur (éd W'b. Stokes, p. 308),

Il faut du reste faire observer que « loin d'être le résultait des méditations des philosophes de Grande-Bretagne, la croyance à la survivance des âmes est indo-européenne ; on la trouve déjà dans les Védas. Hérodote l'a signalée chez les Egyptiens et les Gèles. Les Perses étaient convaincus de leur résurrection. Elle ne constitue donc pas une croyance religieuse propre aux Celtes. » (Don III, Manuel, p.

Quant à savoir quel était le s il réservé, par delà la tombe, soit aux héros, soit aux simples mortels : quant à décrire l'Elysée celtique et à expliquai comment il peut s'accorder avec la croyance à la métempsycbose, qu'on a aussi signalée chez les anciens Irlandais païens, nous croyons prudent dalandonner l'exposé de ces questions aux spécialistes de la littérature d'imagination tant irlandaise que galloise, car c'est cette littérature seule qui peut fournir quelques notions, d'ailleurs très vagues, sur ces divers problèmes, lesquels, vu la nature des sources, relèvent plutôt de la légende et du folklore que de l'histoire de la religion des Celles, Voir à ce propos nos Chrétientés celtiques, p -t les

sources et travaux indiqués là, ainsi que les articles (Indiqués dans la Bibliographie du présent

article) de G. Dollin, Transmigration (Celtic) et de J. A. Mac Culloch, Blesl (Abode of thé).

IV. Conversion des Celtes au christianisme. — S. Martin fut incontestablement le grand évangélisaleur de la Gaule au IVe siècle. Antérieurement, des groupements de chrétiens s'étaient formés dans les villes, mais c'est à lui que revient la gloire d'avoir fait connaître la foi chrétienne aux pagani des campagnes gallo-romaines. Arracher les populations rustiques à la pratique de leurs cultes naturistes, à leurs antiques superstitions, telle fut la tâche à laquelle il dévoua toute son énergie. L'entreprise n'était pas aisée. S'il convertit des foules de pagani à la religion chrétienne, maintes pratiques païennes subsistèrent, longtemps encore après lui, dans les campagnes. Il faudra des efforts séculaires pour les extirper.

Le renom de S. Martin rayonna vile an loin à travers la Gaule et hors de Gaule. C'est à S. Martin qu'était dédiée l'unique église catholique que S. Augustin et ses compagnons trouvèrent en arrivant en Angleterre en 697. Dans cette église de Cantorbéry, priait la reine Berlhe, tille de Charibert, roi de Paris, et épouse d'Ethelbert, roi de Kent, qui était païen. La conquête de la GrandeBretagne par les Anglo-Saxons avait replongé le pays dans le paganisme.

On a cru que S. Ninian, l'apôtre des Bretons du Strat-Cluyd et des Pietés du sud, de même que S. Patrice, l'apôtre de l'Irlande, avaient séjourné auprès de l'évêque de Tours avant d'entreprendre leur œuvre évangélisalriçe. Plus tard, la légende unit même Patrice à S. Martin par un lien de parenté.

Les débuts du christianisme dans l'ile de Bretagne sont obscurs. Au ive siècle, on trouve une Eglise bretonne constituée, dont les évêques (igurent dans les grands conciles tenus sur le continent, à Arles (314), à Riinini (350,). D'après Gildas, porté au pessimisme, les Celtes de Bretagne auraient, en général, accueilli sans enthousiasme (tepide) le christianisme. C'est tout ce que le sombre écrivain nous apprend de l'évangélisation du pays. Au * siècle, les missions de S. Germain d'Auxerre, accompagné, la première fois, de S. Loup de Troyes ('r 2 9~ 43 i) et, la seconde fois, de Sévère de Trêves (44?) » eurent pour but d'arrêter les progrès du pelagianisme. Son biographe nous montre Germain picchant, non seulement dans les églises, mais aux carrefours, dans les campagnes, dans les terrains vagues, tant étaient nombreuses les foules à catéchiser

Au vi[e] siècle, sous la poussée anglo-saxonne, les moines bretons du Pays de Galles et du Cornwall émigrent avec leurs ouailles, et, devenus missionnaires, implantent le christianisme dans l'Armorique continentale, terre gallo-romaine dont l'évangélisation avait été à peine ébauchée avant leur arrivée, au sud et à l'est de la péninsule.

En l'an '|32, Patrice, né en Grande-Bretagne, aborda en Irlande comme missionnaire de l'Evangile. Le christianisme avait pénétré avant lui chez les Scots d'Erin, mais sans faire beaucoup d'adeptes. A Patrice revient sans nul doute le titre d'apôtre des Irlandais.

Dans la grande ile voisine, les Pietés méridionaux, convertis par Ninian, apostasièrent au ve siècle. Il appartint à S. Columba et à ses disciples et successeurs, les moines d'Iona et de Lindisfarne, de reprendre l'œuvre de Ninian etd'élendre vers le nord et vers l'est le règne de l'Evangile, aux vi' et vii « siècles.

Tous ces missionnaires, tous ces fondateurs et organisateurs de nouvelles chrétientés étaient des moines. L'Eglise celtique fut essentiellement monastique. « La première ardeur de la foi, a écrit très justement Frédéric Ozanam, qui partout ailleurs conduisait les chrétiens au martyre, poussait les néophytes irlandais au monastère » (La civilisation chez les Francs, Paris, 1849, p. 97).

V. Survivances et superstitions. — Longtemps survécurent chez les Celtes, tant du continent que des pays insulaires, des vestiges de leurs cultes païens. Bien des traces des pratiques religieuses pré-chrétiennes peuvent encore être observées de nos jours.

On a même voulu voir dans les moines d'Irlande des continuateurs des druides, les monastères, si nombreux dans l'ile dans le haut moyen âge, n'étant que des confréries druidiques christianisées. Celte hypothèse, fruit de l'imagination d'Alexandre Bertrand, est dépourvue de fondement (voir Chrétientés celtiques, p. 68-70).

La pratique des sacrifices sanglants s'est-clle continuée chez les Celtes devenus chrétiens ? Certains textes du moyen âge permettent de le croire pour l'Irlande et l'Ecosse. Une mitigation du sacrifice consistait à tirer du sang du premier animal rencontré par les troupes qui se rendaient au combat (Martin, Description o[the Western Islandsof Scotland, 1716, chez Pinkerton, Voyages, III, p. 607), et encore à arroser du sang d'un être humain ou d'un animal les fondai ions d'un édilice (Robinson, op. cit., p. 189, 196).

La divination par le chant des oiseaux (corbeau, roitelet) a aussi continué à l'époque chrétienne (voir Chrétientés Celtiques, p. 22 ; R. I. Bbst, Prognostications from the Raven and the]Vren, dans Erin, VIII, 1 y 1 6, p. 130-126).

Les feux de joie de la fête du i* r mai (Bellane) ont été allumés en Irlande et en Ecosse jusqu'au xviii e siècle, et même plus tard (Joyce, Soc. histori, I, p. 391 ; Ivendrick, Druids, p. 12y-130).

Mais il faudrait beaucoup plus d'espace qu il ne nous en est accordé pour passer en revue, mémo sommairement, toutes les survivances, vraies ou supposées, de l'ancienne religion dans les populations celtiques des Iles Britanniques etde la Bretagne armoricaine, observances magiques, culte des fontaines, pratiques litholatriques et autres superstitions rustiques : tanta gentium in rébus frivolis plerumque religio est (Pline 1 Ancien, Hist. nat. XVI,

2 40).

Sur les superstitions de ces pays, on pourra consulter notamment les Actes des conciles et les Pénitentiels (voir Chrétientés celtiques, p. xni et xvi-xvn) et les ouvrages suivants : Eleanor Hull, Folklore of the British Isles (London, 1928) ; L. Gougaud, Etude sur 1rs « lorieae » celtiques et sur les prièies qui s'en rapprochent (Bulletin d'ancienne littérature et d'archéologie chrétienne, I, 1911, p. 265-28lj 11, 1912, p. 33-4 1, 101-127) ; A. Macbain, Gælic Incantations (Highland Monthly, III, 1891) ; J. F. S. Wilde, Ancient Cures, Charma and Uêages oflreland (London, 1890), ainsi que les travaux de Henderson, Cnrmicliæl, Mackenzie, Joyce, Wood-Martin, Douglas Hyde. Anatole Le Braz et L. F. Sauvé indiqués eiapres à la Bibliographie.

Ouant aux superstitions combattues par les missionnaires chrétiens du haut moyen âge en Gaule, en Espagne, en Germanie et ailleurs, très abondantes sont aussi les sources d'information : d'abord également les conciles et les recueils pénitentiels à l'usage du clergé continental ; par ailleurs, les ser19

INS'IUUCTION CHRÉTIENNE FRÈRES Dh I.'

nions île S. Césaire d'Arles () 54 ») (Cf. II. Boese, Superstitiones urelatenses[e] Cæsario collectât, Marburg, 1909) ; De correctione rusticorum, par 8. Martin de Braga (}.J80) (éd. Caspari, 1883) ; Sermons attribués à S. Bloi (7 659 '.') (Cf. E Vacandard, L'idolâtrie en Gaule au vi" et au viie siècle, dans la Rev. des quest. hist., LXV, 1899, p. '|24-4â4) ; lndiculus superstitionum et paganiarum (éd. M igné, P. L., LXXXlX, 810 818 ; 'éd. Pertz, M. G. U., Leges [, p. 19. Cf. Albin Saupe, A>er In die ulus super st. etpagen., dms Progratnm des slàdtischen Realg) mnastums zu Leipzig, Leipzig, 1891) ; Liber scarapsus de S. Pirmin (éd. P. L., LXXXIX, 1039-1050, éd. Caspari, Kirchenhist. Anecdota, 1881, p. 149-193, éd. G. Jecker, dons Die lleimat deshl. Pirmin (1927). Cf. S. Berger, Les superstitions populaires dans le Liber scarapsus M lusiiie, II, 25-27), et autres documents du même genre : Superstitiones et paganiae Einsiedlenses, éd. P. Piper, dans Mélanges offerts à M, E. Châtelain, 1900, p. 300-3n ; Homilia de sacrilegis, éd. Caspari (Christiania, 1886). Cf. S. Berger, Un sermon sur la superstition (Mélusine, 111, 217-220).

Mais ce qu'il faudrait pouvoir indiquer, c'est l'origine propre de chacune des très nombreuses observances et superstitions païennes mentionnées et condamnées dans les textes ecclésiastiques. Lesquelles sont celtiques, lesquelles pré-celliques, lesquelles germaniques ou d'une autre provenance ? De telles recherches, complexes et délicates, qui demanderaient beaucoup d'érudition, de méthode et de sagacité, n'ont pas encore été entreprises, à notre connaissance. Sur les survivances des vieilles croyances dans les légendes du moyen âge, on pourra consulter l'ouvrage de Franz Jostes, Sonnenwende. Forschungen zur germanischen Religions and Sagengeschichle, !. Die Religion der Keltogermanen (iivmster i. W., 1926).

VI. Bibliogkai'uie. — Anwyl (Edward), Celtic Religion in Pre-Christiun Times (London, 1906). — Arbois de Jubainville (H. d'), Les Celtes depuis les temps les plus anciens jusqu'à l'an WU avant notre ère (Paris, 190/1) ; du même. Les druides et les dieux à formes d'animaux (Paris, igo(>). — Bertrand (Alexandre), Xos origines. La religion des Gaulois (Paris, 1897). — Black (G. P.). Druids and Druidism, A List uf Références (New-York Public Library, 1910). — Campbell (J. Gregorson), Superstitions of the Highlands and Lslands h/ Scutland (Glasgow, 1900). — Carmichæl (A.), Carmina gadelica (Edinburgh, 1900). — Chevalier (Jacques), Essai sur lu formation de la nationalité et des réveils religieux au Pays de Galles des origines à la fin du Vl K siècle (Annales de i Université de Lyon, Nouv. sér. II, fasc. 34, Lyon-Paris, 1923). — Dottin (Georges), Manuel pour servir à l'étude de l'antiquité cet tique (a^e édit., Paris, 1915) ; du mémo, Les anciens peuples de l'Europe (Paris, 1916) ; du même, fa langue gauloise (Paris, 1920). — Bspérandien (Emile), Recueil général des bas-i eliefs de la Gaule romaine (Paris, 1907, etc.). — Gougaud (Louis), Les chrétientés celtiques (l'aris, 1911). — Guénin (G.), Le paganisme en Bretagne au VIe siècle (Annules de Breie, XVII, 1902). — Henderson (George(, Surrivalsin Belief among the f>/L< (Glasgow, 1911).

— Ilolder (Alfred), Alt-Celtischer Sproehschati (Leipzig, 18gi, ste). — Hyde (Douglas), The Lleligious Songs 0/ l'onnacht (London-Dublin, 1906).

— Joyce (P. W.), A social LListorv 0/ ar.< icut Ireland (2 *édit., London-Dublin, K)13).* — *Jullian* (Camille), Recherches sur la religion gauloi.-e (Bordeaux, igoS) ; du même, Histoire de Ta Gaule

(t. II, Paris, nj/4). — Kendrick (T. D.). th.Jjiuids, A study m K'itic Prehistorj (London, '9*7) « — Le Braz (Anatole). La légende de la moit chez les Bretons armoi icains (Nouv. édit. Paris, 1923). — Mac Bain, Celtic Muhology and Religion (Slirling, 1917). — Mac Culloch (J. A). The Religion of the ancient C'elts (London, 191 i),

— Mækenzie (William), GællC Incantations, Charms and Blessings of the Hébrides (Transactions of the Gælic Society of Inverness, XVIII, 1891-92, p. 97-182). — Nuit (Alfred), The < Doctrine of Rebiith (London, 1897). — Ilrinach (Salomon), Cultes, Mythes (t Religions (3 édit. Paris, 1922). — Renel (Ch.), Les religions de la Gaule avant le Christianisme (Paris, 1906).

— Illiys (John), Lectures ou the Origin and Groivth of Religion as illustraled by Celtic Ileathendom (London,

1888). — Bobinson (Fred Norris) Ilitman Sacrifice among the Irish Celts (Annivci sary Pa^rs by Colleagues and Pupils of George Lyman Kittredge, Boston, 1913, p. 18Ô-197). — Sauvé (L. F.), Charmes, oraisons et conjurations magiques de la Basse-Br tagne (Revue celtique, VI, 1885-86, p. 67-80). — Wood-Martin (W. G.), Traces of the Lld.r Faiths in Ireland (London, 1902).

Les articles suivants se rapportant a la religion des Celtes ont été publiés dans VEncyclopoedia of Religion and Ethics, éditée par James Èaatings (Edinburgh, 1 908-1931) : Altar ^Celtic), par Louis H. Gray ; Blest (Aloie of the), par J. A. Mac Culloch ; Cilts ; Char iii, and amulets (Celtic), par le même ; Divination (Celtic), par G. Dottin ; Druids, par J. A. Mac Culloch : Images and Idols (Celtic), par J. L. Gerig : Sacrifice (Celtic), par E. Anwyl et J. A. Mac Culloch ; Transmigration (Celtic), par G. Dottin ; War-Gods (Ce tu), par le même.

L. Gougaud, O.S.B.